ZAUBER FRISCH

· Profitipps für Ihren Haushalt ·

NATÜRLICHE DÜFTE FÜR IHR HAUS

Gerüche bekämpfen, Düfte richtig auswählen und einsetzen

Sylvie Fabre

· Profitipps für Ihren Haushalt ·

NATÜRLICHE DÜFTE FÜR IHR HAUS

Gerüche bekämpfen, Düfte richtig auswählen und einsetzen

Sylvie Fabre

INHALT

DAS HAUS NATÜRLICH PARFÜMIEREN

***Warnhinweis:** Bei unsachgemäßer Anwendung der Produkte übernehmen wir keine Verantwortung für die Wirksamkeit der Tipps in diesem Buch.*

FRISCHER DUFT

Der frische Duft von Lavendel, der appetitliche Duft von Karamell oder Gewürzen … So wie die Madeleine bei Proust können Wohlgerüche uns beruhigen, uns neue Energie geben oder uns zurück in die Kindheit versetzen. Wir lieben es, wenn Düfte uns umhüllen wie ein weicher Schal.

Es ist wahre Lebenskunst, sich sein Zuhause mit individuellen Düften zu parfümieren, die die Sinne anregen. Mit einer harmonischen Zusammenstellung aus verschiedenen Aromen können Sie Ihr Wohlbefinden steigern und ausdrücken, wer Sie sind.

Dufthersteller, Dekoläden, Drogerien und sogar Supermärkte bieten seit einigen Jahren schon eine Vielzahl an Raumdüften an. Rosengarten, Garten Eden, Feigen der Provence … all diese poetischen Namen klingen äußerst verlockend. Und doch haben viele Raumdüfte die Poesie nur im Namen. Manche sind aus synthetischen Produkten hergestellt, von denen einige sogar gesundheitsschädlich sind. Zusammen mit ihrem Duft verbreiten sie flüchtige organische Verbindungen (VOC), kleine unsichtbare Teilchen, die beim Einatmen reizen, Allergien auslösen und sogar krebserregend sind. Wählen Sie also nur hochwertige biologische Produkte aus.

Werden Sie selbst zum Parfümeur

Das Haus mit natürlichen Raumdüften zu parfümieren, ist gar nicht so aufwendig, wie man vielleicht denkt. Lernen Sie, mit Düften zu spielen wie ein Dirigent mit seinen Musikern: eine Kerze hier, ein Potpourri dort, und das Haus wird zum olfaktorischen Universum, in dem die Fantasie auf Reisen gehen kann.

Doch auch wenn Sie Ihrer Nase bei der Auswahl der Düfte vertrauen können, so gibt es doch einige Regeln zu beachten, um Enttäuschungen zu vermeiden. Warm und herzlich für den Eingang, lebendig und heiter im Wohnzimmer, entspannend im Schlafzimmer, konzentrationsfördernd im Büro ... Für jeden Bereich im Haus gibt es einen passenden Duft.

Es gibt eine immense Auswahl an natürlichen Produkten, mit denen sich ein angenehmes Ambiente erzeugen lässt. Sie können sogar in wenigen Schritten Ihren ganz persönlichen Raumduft herstellen. Das Ergebnis wird Sie begeistern: ein frisches, gesundes Zuhause, das ganz auf Ihre Vorlieben abgestimmt ist!

VORSICHT BEI ÄTHERISCHEN ÖLEN: Ätherische Öle sind betörend und praktisch, aber mit Vorsicht anzuwenden. Stets die Sicherheitsvorschriften beachten (Handschuhe tragen, direkten Hautkontakt vermeiden, Dosierungsanleitung beachten), denn sie können in großen Mengen durchaus giftig und gesundheitsschädlich sein. Vermeiden Sie den Umgang mit diesen Ölen in der Nähe von Allergikern, schwangeren Frauen, Kindern und Haustieren.

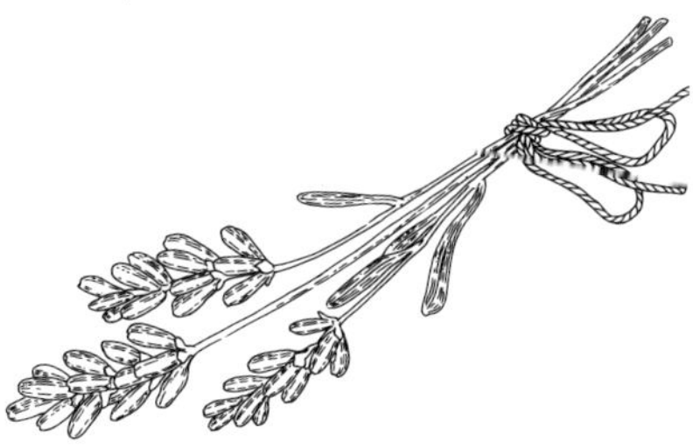

Weihrauch, Duftstäbchen, Armenisches Papier, Duftkerzen ... Es gibt viele Wege, um das Haus mit Wohlgeruch zu erfüllen. Alle haben ihre besonderen Eigenschaften. Manche eignen sich eher für kleine Zimmer, einige spenden nur einen kurzen, flüchtigen Duft und andere verbreiten kontinuierlich ein diskretes Parfüm. Wieder andere schliesslich müssen sparsam und nur gelegentlich verwendet werden, da sie sonst schädlich sein könnten. Die folgenden Anweisungen werden Ihnen bei der Auswahl helfen.

1

DAS ZUBEHÖR FÜR EIN DUFTENDES AMBIENTE

RÄUCHERSTÄBCHEN

Ein Duft für das ganze Haus

Dies ist der Duft, der am längsten anhält, da der leichte Rauch in sämtliche Bereiche des Hauses vordringt und sich in allen aufnahmefähigen Materialien (Textilien, Bücher, etc.) festsetzt.

Räucherstäbchen verbreiten einen starken Geruch, deshalb appellieren sie an unsere Treue: Wenn man sie mit anderen Parfüms und Düften kombiniert, büßen sie ihre Vorzüge ein. Schlimmer noch, manche Kombinationen können sogar richtiggehend ekelerregend sein.

In Form von Stäbchen, Spiralen oder kleinen Kegeln besteht gutes Räucherwerk aus Weihrauchharz, gemischt mit einem zerkleinerten Brennstoff (feine Sägespäne, Holzkohle oder getrocknete und fein zermahlene aromatische Pflanzenteile). Doch Räucherstäbchen aus 100 % Naturprodukten werden leider immer seltener. Oft besteht das, was heute als „Räucherstäbchen" verkauft wird, in Wahrheit nur aus mit Lösungsmitteln und synthetischen Riechstoffen getränkten Bambusstäbchen. Vorsicht, diese Produkte haben mit dem Original nur den Namen gemeinsam und sind gesundheitsschädlich. Bevor Sie sich von einer schönen Verpackung verführen lassen, lesen Sie die Zusammensetzung auf der Produktrückseite.

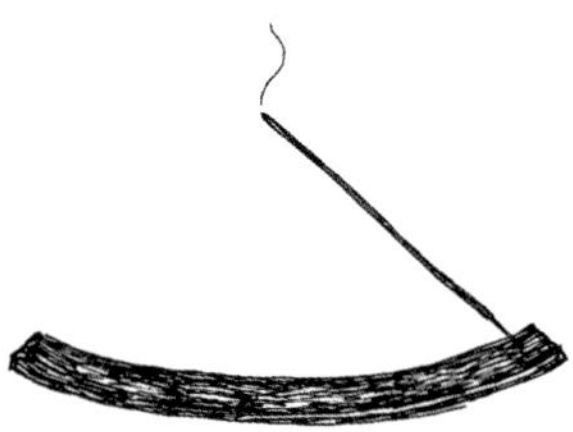

Sparsam verwenden

Die Anwendung von Räucherstäbchen und Weihrauch wird von Gesundheitsexperten zunehmend in Frage gestellt. Einige meinen,

Wussten Sie schon ...?

Der ursprüngliche Weihrauch bestand ausschließlich aus dem Harz von* Boswellia sacra*, einem kleinen Baum aus der Familie der* Burseraceae*, der im Süden der Arabischen Halbinsel (Jemen, Oman) und in Somalia wächst. Das Harz wurde auf glühende Holzkohle gelegt und langsam abgebrannt. Mit der Zeit wurde der Begriff auch auf andere Harze ausgedehnt, etwa auf Myrrhe und Benzoe. Aber dieser Weihrauch ist vor allem religiösen und spirituellen Riten vorbehalten.

der Rauch könnte schädlich sein. Es gibt jedoch keinerlei wissenschaftliche Studien, die diese Thesen untermauern. Um jegliche Gefahr zu vermeiden, sollte man ein paar Sicherheitsmaßnahmen einhalten:

TIPP

Ein Schatz in Ihrem Garten

• **Ein Wacholderbaum** wächst in Ihrem Garten? Das sollten Sie ausnutzen: Seine Rinde ist stark aromatisch. Sie verbrennt sehr langsam, genauso wie Weihrauch.

• **Getrocknete Lavendelzweige** brennen ebenfalls ganz langsam und setzen dabei ihren süßen Duft frei. Die trockenen Zweige (ohne Blüten) dafür einfach in eine mit Sand gefüllte Tasse stecken.

• Die Inhaltsangaben auf der Verpackung genau lesen und ausschließlich „100% natürliche" Räucherstäbchen kaufen.

• Räucherstäbchen nur ab und zu und für kurze Zeit anzünden.

• Den Raum anschließend lüften, damit der Rauch abziehen kann. Der Duft wird trotzdem bleiben, da er alles durchdringt.

• Nicht direkt vor dem Schlafengehen im Schlafzimmer anzünden.

Gebrauchsanleitung

Um Brandgefahr zu vermeiden (etwa durch fliegende Funken), Räucherkegel auf eine Untertasse oder in ein Schälchen mit höherem Rand setzen. Für Räucherstäbchen gibt es extra Halterungen. Oft werden sie zusammen verkauft. Ansonsten kann man sie in eine mit Sand gefüllte Tasse stecken. Der Sand sorgt für festen Halt und löscht eventuell herabfallende Glut. Für Räucherspiralen gibt es ebenfalls extra Halter. Alles Räucherwerk, egal in welcher Form, immer von entzündbaren Gegenständen fernhalten, vor allem von Vorhängen! Es ist unnötig, mehrere gleichzeitig anzuzünden. Räucherstäbchen brennen nicht mit einer Flamme ab, sie sollen lediglich glühen. Um brennende Räucherstäbchen oder -spiralen zu löschen, die Glut in Wasser tauchen. Kegel löscht man, indem man sie von oben mit etwas Wasser bespritzt.

ARMENISCHES PAPIER

Express-Lufterfrischer und Mottenschutz

Dieses Papier war der Lieblings-Raumduft unserer Großmütter, denn es ist ideal, um unangenehme Gerüche schnell zu beseitigen.

Armenisches Papier sind kleine, mit verflüssigtem Benzoeharz imprägnierte Löschpapierblätter, die ohne Flamme abbrennen. Dieses Naturharz wird aus dem Styrax-Baum gewonnen, der vor allem in Laos wächst. Es ist berühmt für seine antiseptische, luftreinigende Wirkung. Und es vertreibt Motten. Es soll auch positiv auf die Psyche wirken.

Wussten Sie schon ...?

Im Jahr 1885 entwickelte der Chemiker Auguste Ponsot im Pariser Vorort Montrouge dieses kleine Heftchen aus Papier, das sich ohne Flamme verbrennen lässt. Aber warum heißt es dann Armenisches Papier? Einfach weil seine Hauptkomponente, das Benzoeharz, traditionell aus Armenien kommt! Das Papier ist FSC-zertifiziert. Diese unabhängige internationale Organisation setzt sich weltweit für eine verantwortungsvolle Holzwirtschaft ein.

Sparsam verwenden

Genau wie anderes Räucherwerk können beim Abbrennen von Armenischem Papier Schadstoffe entstehen (Benzol und Formaldehyd), also nur ab und zu anwenden.

- In hohen Dosen kann es bei empfindlichen Personen Kopfschmerzen auslösen.
- Nicht in Gegenwart von Asthmatikern, Allergikern oder Menschen mit Atemproblemen verwenden.

Wirkt sofort

Das Papier wie eine Ziehharmonika falten, anzünden und leicht daraufblasen, um die Glut zu entfachen. Das Papier soll nicht mit einer Flamme abbrennen, sondern lediglich verglimmen. Es vertreibt blitzschnell alle unangenehmen Gerüche (Zigarettenrauch, Essensgeruch). Während

Wussten Sie schon ...?

Wenn Sie in alten Büchern blättern, stoßen Sie vielleicht einmal auf ein vergilbtes Blatt Armenisches Papier. Unsere Großeltern schoben es oft in ihre Bücher, um sie vor Feuchtigkeit und Motten zu schützen und sie zu parfümieren.

dem Abbrennen für einen leichten Luftstrom sorgen, anschließend lüften. Unsere Großmütter nutzten es auch als Duft für den Kleiderschrank, allerdings ohne es anzuzünden, sondern vor allem wegen seiner Anti-Motten-Wirkung. Dafür legt man es einfach zwischen Wäschestapel oder in Schubladen.

Vorsichtsmaßnahmen

Achtung, wer mit dem Feuer spielt, riskiert einen Brand. Das Produkt außerhalb der Reichweite von Kindern und Haustieren aufbewahren und nur auf feuerfesten Unterlagen abbrennen.

DUFTKERZEN

Eine unvergleichliche Atmosphäre

Duftkerzen schaffen eine festliche Atmosphäre, eine positive Gemütslage, eine entspannte Stimmung im Wohnzimmer oder ein intimes Ambiente im Schlafzimmer. Und ihre süßen oder würzigen Düfte erfüllen unser Haus mit Wohlgeruch.

Dort, wo ein Feuer ist, wird auch etwas verbrannt. Dabei entstehen Substanzen, die gesundheitschädlich sein können. Also gilt auch hier wieder: sparsam verwenden. Auf keinen Fall eine Kerze den ganzen Tag lang brennen lassen.

Duftkerzen sind praktisch, schön und liegen voll imTrend. Deshalb findet man sie inzwischen fast überall. Doch leider bestehen die

wenigsten aus natürlichen Inhaltsstoffen. Sie werden industriell hergestellt und können schädlich sein. Das gilt sowohl für die synthetischen Duftstoffe als auch für das Wachs. Ganz zu schweigen von synthetischen Dochten, die schmelzen oder rußen etc. Um das Haus zu parfümieren, besser auch keine billigen Duft-Teelichter verwenden, sie sind oft von schlechter Qualität.

Die richtige Auswahl treffen

Drei Kriterien bestimmen die Qualität einer Kerze: Wachs, Docht und Duft. Eine gute Kerze brennt langsam und gleichmäßig (ohne dass sich an der Oberfläche Krater bilden), der Docht rußt nicht und der Duft hält bis zum Ende an.

• **Natürliches Wachs oder Paraffin**. Die meisten Kerzen im Handel bestehen aus Paraffin, einem Nebenprodukt der Erdölraffinerie, das während der Verbrennung Schadstoffe freisetzt. Verwenden Sie besser natürliches Wachs, dabei entstehen weniger flüchtige organische Verbindungen. Hier haben Sie folgende Auswahl:

Wussten Sie schon ...?

Um 100 g Bienenwachs herzustellen, müssen die Bienen 40 000 Kilometer zurücklegen und über 500 000 Blumen besuchen! Das erklärt den hohen Preis für Kerzen aus reinem Bienenwachs.

• **Pflanzliches Wachs aus Soja,** der vielseitigsten aller Pflanzen.

VORSICHT BEIM EINKAUF: Suchen Sie auf der Packung nach folgendem Vermerk: „100 % Sojawachs ohne gentechnisch veränderte Organismen (GVO)". Diese Qualitätskerzen sind oft relativ teuer. Machen Sie Ihre Duftkerzen am besten einfach selber: Sojawachs lässt sich leicht färben und parfümieren (siehe Kap. 4, S. 42).

• **Tierisches Wachs, wie etwa Bienenwachs.** Es ist völlig unnötig, diese Kerzen zu parfümieren, denn sie verströmen von Natur aus einen angenehmen Honigduft. Kaufen Sie nur Kerzen aus 100 % Bienenwachs. Sie sind zwar recht teuer, aber sie halten lange, und Ihre Gesundheit hat keinen Preis!

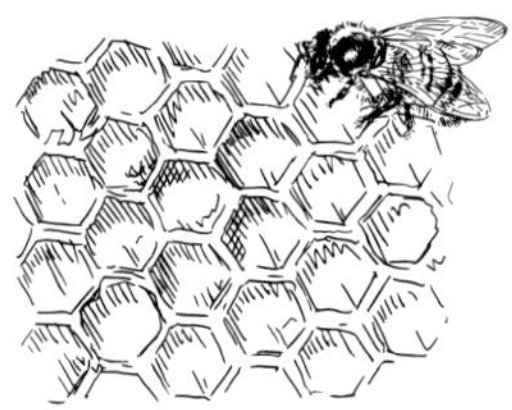

Auf den Docht kommt es an

Der Docht ist von großer Bedeutung. Davon hängt ab, wie sich die Kerze beim Abbrennen verhält, ob sie dabei rußt, zu schnell herunterbrennt oder einfach ausgeht ...

Von Bleidochten ist unbedingt abzuraten (auf dem US-amerikanischen Markt sind sie seit 2003 sogar verboten). Ein guter Docht besteht aus 100 % Baumwolle.

Der freiliegende Docht darf nicht länger als 1 cm sein, sonst entstehen schädliche Substanzen. Den Docht regelmäßig kürzen (warten, bis die Kerze abgekühlt ist) und, falls nötig, wieder zentrieren, solange das Wachs flüssig ist.

Um zu überprüfen, ob die Metallscheibe, die den Docht unterhalb der Kerze befestigt, richtig zentriert ist, kaufen Sie Kerzen in durchsichtigen Gläsern. Ein zentrierter Docht ist eine Qualitätsgarantie, da er dafür sorgt, dass die Kerze harmonisch und bis zum Ende abbrennt.

Kerzen löschen

Nicht ausblasen! Dadurch verteilen Sie nur Rußpartikel und unangenehmen Geruch in der Luft! Und schon ist es vorbei mit der duftenden Atmosphäre ... Löschen Sie die Kerze mit einer Messerspitze. Den Docht in das Wachs tauchen, um die Flamme zu löschen, danach sofort wieder aufrichten. Die Kerze wird so sofort gelöscht, und das ganz ohne Rauch. Ein weiterer Vorteil: Der Docht bleibt aufrecht, wenn das Wachs wieder erstarrt. Sie können auch einen Kerzenlöscher (eine Art kleine Pfeife) verwenden, den man auf den Docht aufsetzt.

DUFTSTÄBCHEN

Langanhaltender Raumduft

Dies ist derzeit der umweltfreundlichste und einfachste Weg, um das Haus für längere Zeit zu parfümieren. Die dekorativen Duftstäbchen passen in jeden Raum. Man kann sie fast überall aufstellen, z. B. auf dem Tisch oder auf dem Kamin.

Es handelt sich dabei um ca. 30 cm lange, dünne Rattanstäbchen. Man taucht sie in eine aromatische Flüssigkeit ein, die

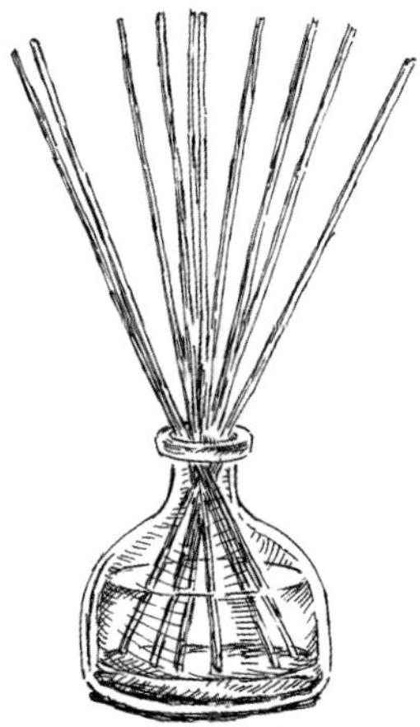

sie durch ihre Kapillaren aufsaugen. Der Duft wird sanft und natürlich und ganz ohne Verbrennung wieder abgegeben, und das wochenlang. Um die Duftintensität zu dosieren, einfach ein paar Stäbchen entfernen oder hinzufügen.

TIPP

Sie haben keine Duftstäbchen?

Es gibt auch andere Materialien, die nach demselben Prinzip der Kapillarwirkung funktionieren: Steinchen aus Blähton oder Gips, oder selbst gesammelte Strandkiesel, sofern sie porös sind. Um dies zu testen, die Steine in Wasser tauchen. Wenn Luftblasen aufsteigen, sind sie perfekt: Es bedeutet, dass sie viele kleine Löcher haben, in denen sich das ätherische Öl oder ein anderer Duftstoff absetzen kann.

POTPOURRI

Besonders ästhetisch

Ein Potpourri lässt sich leicht selbst herstellen, und es ist ideal zum dezenten Parfümieren kleinerer Räume, etwa Eingangsbereich, Badezimmer, Toilette oder Arbeitszimmer.

Suchen Sie auf Ihren Spaziergängen die Materialien dafür aus: Sammeln Sie Kieselsteine und Muscheln am Strand, und für den Duft Kiefernzapfen, Rosmarinzweige, Wildrosenblüten, Jasminblüten, Zitrusfrüchte, Zimtstangen, Vanilleschoten, Gewürznelken ... Stellen Sie sich Ihr eigenes Duftbouquet zusammen.

Einige Elemente verströmen ihren Duft, andere dienen dazu, ihn zu absorbieren und zu verteilen, denken Sie also auch an poröse Gegenstände wie Sand, Kalkstein- oder Tonkiesel etc. Um den Duft aufzufrischen, einfach mit fünf Tropfen ätherischem Öl Ihrer Wahl beträufeln. Die Mischung für 24 Stunden in einer luftdicht verschlossenen Plastiktüte aufbewahren, damit der Duft gut einzieht. Jetzt muss Ihr Potpourri nur noch in ein schönes Gefäß gefüllt werden (siehe auch Potpourri-Rezept auf S. 44).

ACHTUNG: Bei der Auswahl von ätherischen Ölen immer einen Fachmann konsultieren. Einige Öle sind hautreizend, wie etwa Zimtöl. Es greift die Haut an, und schon ein Tropfen kann ein richtiges Loch verursachen. Beim Umgang mit Zimtöl Handschuhe tragen. Sollte dennoch ein Tropfen auf Ihre Haut gelangen, die Stelle mit Speiseöl (z. B. Olivenöl oder Sonnenblumenöl) abreiben, danach mit Wasser und Seife waschen.

KISSENSPRAY

Für süße Träume

Für einen guten Schlaf und süße Träume gibt es kaum etwas Besseres als herrlich duftende Bettlaken. Diese Duftsprays sind sehr leicht dosiert, denn schwere, aufdringliche Düfte sind für das Schlafzimmer eher ungeeignet.

Am Morgen ein wenig Kissenspray (nur zwei oder drei Sprühstöße, nicht mehr) auf das gemachte Bett geben. Abends vor dem Schlafengehen noch einen Sprühstoß auf das Kissen geben. Sie können damit auch Ihre Schlafzimmervorhänge, Bettdecken und Handtücher parfümieren.

ACHTUNG: Nicht zu starke oder zu komplexe Duftnoten wählen. Für einen perfekten Schlaf sind Lavendel und Orangenblüten am effektivsten.

• **Weniger ist mehr!** Falls Sie parfümiertes Waschmittel oder Weichspüler für Ihre Bettlaken verwenden, ist ein Kissenspray überflüssig.

ÄTHERISCHE ÖLE

Unverzichtbar und vielseitig

Als natürliche und effektive Duftspender erfreuen sich ätherische Öle schon seit einigen Jahren zunehmender Beliebtheit. Ein Tropfen hier, ein Tropfen da… und außerdem schreibt man ihnen zu Recht alle möglichen Wirkungen zu: Sie haben diverse therapeutische Eigenschaften. Diese extrem konzentrierten Düfte sind wirklich einzigartig.

Man muss ätherische Öle jedoch mit Vorsicht anwenden. Stets die Sicherheitsvorschriften beachten (Handschuhe tragen, direkten Hautkontakt vermeiden, Dosierungsanleitung befolgen), denn sie können durchaus giftig und gesundheitsschädlich sein. Der Umgang mit diesen Ölen in der Nähe von Allergikern, schwangeren Frauen, Kindern und Haustieren ist zu vermeiden.

Orange, Lavendel… für welchen Duft man sich entscheidet, ist eine Frage des Geschmacks. Vertrauen Sie Ihrer Nase, aber überlegen Sie zuerst, welches Ambiente Sie in einem Raum erzeugen möchten.

Wussten Sie schon …?

Von den Hunderttausenden von Pflanzenarten, die auf unserem Planeten wachsen, enthalten 4000 Arten aromatische Essenzen. Aber nur 400 Arten produzieren genug davon, um daraus ein ätherisches Öl zu extrahieren. Die aromatische Essenz, die man durch Wasserdampfdestillation aus den Pflanzenteilen erhält, ist das ätherische Öl. Für einen Liter ätherisches Öl braucht man z. B. 10 kg Gewürznelken oder 40 kg Lavendelblüten, und sogar 100 kg Rosenblätter für ein 25-ml-Fläschchen! Daher sind die Öle auch so teuer.

Es ist nicht dasselbe, ob man das Schlafzimmer oder das Wohnzimmer parfümieren will. Außerdem müssen wir auch die Wirkung der Öle auf unsere Stimmung und unsere Umgebung berücksichtigen (siehe Tabelle der wichtigsten ätherischen Öle, S. 52).

Die richtige Anwendung

Damit das Öl all seine therapeutischen Eigenschaften beibehält, ist ein Kaltnebel-Diffusor ideal. Dieses Gerät (in Bioläden erhältlich) verteilt das ätherische Öl, das in diesem Fall pur verwendet wird, in der Atmosphäre, ohne es zu erhitzen.

❶ ACHTUNG: Die Gebrauchsanweisung genau beachten. Die Duftöle auf keinen Fall ununterbrochen verbreiten. Das Gerät maximal zweimal am Tag 10 bis 15 Min. lang und nur dann, wenn sich niemand im Raum befindet, einschalten.

• **Um einen Raum zu parfümieren, ohne ihn verlassen zu müssen,** und um die negativen Auswirkungen (Reizungen, starker Geruch) zu begrenzen, ist die Diffusion mittels Ionisation zweifellos die beste Alternative. Per Ultraschall vernebelt der Diffusor das Wasser, dem einige Tropfen Öl beigemischt werden, ohne es zu erhitzen, und verteilt es langsam im Raum. Auch wenn die therapeutischen Eigenschaften im Vergleich zu einem Kaltnebel-Diffusor geringer sind, eignet sich diese Methode hervorragend, um einen Raum zu parfümieren, die Luft zu reinigen und so ein entspannendes Raumklima zu schaffen.

• **Für eine weniger lang anhaltende Wirkung** kann man auch eine Duftlampe verwenden. Dabei wird ein Schälchen mit ätherischem Öl über einer Kerze erhitzt, wodurch das Aroma freigesetzt wird, allerdings gehen die therapeutischen Eigenschaften verloren. Das Öl immer mit genügend Wasser mischen, denn wenn man es anbrennen lässt, entstehen umweltschädliche Dämpfe.

• **Um nur leichte Duftnoten hier und da zu verbreiten,** sind Duftsteine aus Ton besonders gut geeignet.

• **Für eine sofortige Wirkung** können Sie auch einen Zerstäuber verwenden.

TIPP

Der Reinheitsgrad ätherischer Öle

Anders als ihr Name vermuten lässt, enthalten ätherische Öle im Gegensatz zu pflanzlichen Ölen keinerlei Fett. Um ihre Reinheit zu überprüfen, einen Tropfen ätherisches Öl auf ein Blatt Papier geben. Nach dem Verdunsten dürfen keine Spuren bleiben.

Vorsichtsmaßnahmen

Um das Risiko von Allergien zu verringern, ist bei Auswahl und Anwendung der Öle Vorsicht geboten. So kann man den größten Nutzen aus ihren Wirkungen und ihren Düften ziehen:

• Wählen Sie nur 100 % naturreine ätherische Öle, die nicht verschnitten bzw. die sortenrein und nicht verdünnt sind. Am besten sind Öle aus 100 % biologischem Anbau mit entsprechendem Zertifikat (z. B. von Demeter oder Ecocert). Kaufen Sie nur reine ätherische Öle, die biologisch, botanisch und biochemisch definiert sind (EOBBD), unter Angabe des Chemotyps.
• Die Gegenanzeigen aufmerksam lesen. Pur oder über einen langen Zeitraum angewendet, können manche Öle die Atemwege reizen oder sogar neurotoxisch wirken.
• Um jedes Risiko auszuschließen, nicht in der Gegenwart von Kindern unter 3 Jahren, schwangeren und stillenden Frauen, Allergikern oder Asthmatikern oder Haustieren anwenden (einige Öle können für Katzen sogar tödlich sein).
• Höchstens zweimal täglich anwenden, sonst wird die Luft damit übersättigt.
• Niemals in der Nacht oder tagsüber in Gegenwart von Schlafenden anwenden.
• Denken Sie daran, dass einige Öle die Haut lichtempfindlich machen, wie zum Beispiel Zitrusfruchtöle. Das Öl also nicht direkt vor dem Sonnenbad auf die Haut auftragen, sonst können bleibende Flecken entstehen. Andere Öle wiederum sind hautreizend, wie Zimt, Eukalyptus oder Pfefferminze. Schon ein Tropfen auf der Haut kann zu Verbrennungen führen. Also die Sicherheitsvorschriften beachten und Handschuhe tragen.
• Ätherische Öle müssen lichtgeschützt aufbewahrt werden. Sie sind bis zu 18 Monate lang haltbar.
• Um sicherzugehen, dass Sie hochwertige Öle und professionelle Beratung erhalten, kaufen Sie ätherische Öle am besten in Bioläden oder in auf Aromatherapie spezialisierten Apotheken.

HYDROLATE

Ein sanftes Duftwasser

Hydrolate, auch als Blütenwasser bekannt, bestehen zu 99 % aus Wasser, versetzt mit einem winzigen Anteil an ätherischem Öl. Man kann sie problemlos jeden Tag anwenden. Sobald man sie jedoch geöffnet hat, sind sie nicht so lange haltbar wie ätherisches Öl: Geschützt vor Hitze und Licht, lassen sie sich ca. 6 Monate aufbewahren.

Hydrolat kann man beispielsweise in eine Sprühflasche füllen, um damit seine Wäsche zu parfümieren, oder man verwendet es als Kissenspray.

TIPP

Der frische Duft sauberer Wäsche

Geben Sie zum Bügeln Hydrolat statt Wasser in das Dampfbügeleisen. Welche Düfte eignen sich am besten? Lavendel- und Orangenblütenwasser.

RAUMSPRAY

Einfach in der Anwendung

Duft auf Knopfdruck: Ein Raumspray ist die effektivste und schnellste Lösung, um innerhalb von Sekunden für frischen Duft zu sorgen.

Man kann den Duft einfach im Raum versprühen, ihn auf Duftsteine aufsprühen oder Vorhänge und Textilien damit parfümieren.

Der einzige Nachteil: Der Duft hält nicht lange an. Diese Flüchtigkeit ist jedoch ein Vorteil für all jene, die ihren Raumduft gerne öfter wechseln.

Aber Finger weg von Raumsprays mit synthetischen Inhaltsstoffen. Das schadet mehr, als es nützt. Wählen Sie Sprays mit natürlichen Zutaten und ohne Konservierungsstoffe, am besten mit Biosiegel oder Ecocert-Zertifizierung. Dieses Label garantiert, dass das Spray aus nachwachsenden Inhaltsstoffen und umweltfreundlich hergestellt wurde, dass es frei von synthetischen Inhaltsstoffen und Lösemitteln, Farb- oder Konservierungsstoffen ist und mindestens 10 % Bio-Zutaten enthält.

TIPP

Hausgemachter Lufterfrischer

Kreieren Sie Ihr eigenes Raumspray, indem Sie folgende Zutaten in einer Sprühflasche mischen: 1 Teelöffel (5 ml) Natron, 2 Tassen warmes Wasser und 1 Teelöffel (5 ml) Zitronensaft oder ein paar Tropfen ätherisches Öl. Nach Bedarf im Raum versprühen, vor jedem Gebrauch schütteln.

Raumdüfte haben die Aufgabe, auf der Basis von frischer, sauberer und gesunder Luft wohlriechende Duftakzente zu setzen. Manchmal dienen sie aber auch dazu, unangenehme Gerüche zu überdecken. Bevor Sie Ihr Haus parfümieren, sollten Sie zuerst für saubere Luft sorgen. Machen Sie sich die folgenden Regeln zur Gewohnheit.

2

FÜNF REGELN FÜR GUTE LUFT

REGEL 1

Täglich lüften

Ob Winter oder Sommer, öffnen Sie Türen und Fenster mindestens 20 Min. am Tag. Im Sommer am besten morgens lüften: Um diese Zeit ist der Gehalt an schädlichem Ozon in der Luft am geringsten. Im Winter ist es andersherum! Am besten lüftet man also abends, in der Dämmerung, wenn die Schadstoffwerte (im Winter vor allem Schwefeldioxid und Stickstoff) am niedrigsten sind.

REGEL 2

Regelmäßig putzen

Küche, Bad, Möbel, Boden ... Gegen Schmutz, Fett und Keime hilft nur eines: regelmäßig sauber machen! Und zwar besser einmal in der Woche gründlich anstatt jeden Tag oberflächlich. Verwenden Sie für eine natürliche Reinigung die Wundermittel unserer Großmütter wie Schmierseife, Natron oder Spritessig. Mit ihrer desinfizierenden, reinigenden und kalklösenden Wirkung sind sie einfach unschlagbar.

Ökologischer Allesreiniger

TIPP

Folgende Zutaten mischen:

- 1,5 Liter heißes Wasser
- 1 Tasse Spritessig
- 3 Esslöffel Zitronensaft
- 2 Esslöffel Natron

Licht- und luftdicht aufbewahrt, ist dieser selbstgemachte Haushaltsreiniger genauso lang haltbar wie ein gekaufter Allesreiniger aus dem Laden.

REGEL 3

Staub wischen

Alle Gegenstände und Flächen mindestens einmal pro Woche abstauben. Verwenden Sie dafür ein leicht angefeuchtetes Tuch. Oder noch besser ein Mikrofasertuch, das ver-

Wussten Sie schon ...?

Staubsauger mit HEPA-Filter (High Efficiency Particulate Air) sind sehr zu empfehlen, vor allem für Allergiker. Mit diesem Staubsauger können Sie Ihre Umgebung auch von den feinsten Allergenpartikeln befreien. Er ist ein idealer Verbündeter gegen Luftverschmutzung in Gebäuden!

TIPP

Duftend staubsaugen

Funktionieren Sie Ihren Staubsauger zum Duftspender um: 12 Tropfen ätherisches Öl (Eukalyptus, Thymian, Lavendel) auf den Filter geben. So wird die Abluft nicht nur gereinigt, sondern auch natürlich parfümiert.
Sie haben Minze im Garten? Das sollten Sie ausnutzen: Den Fußboden mit Minzblättern bestreuen und absaugen ...

hindert, dass beim Abwischen zu viel Staub aufgewirbelt wird. Vergessen Sie den Staubwedel, damit kann man höchstens Milben noch weiter verteilen.

REGEL 4

Waschen

Den großen Frühjahrsputz macht man nicht nur im Frühjahr! Vorhänge, Teppiche und Teppichböden mindestens zweimal im Jahr waschen bzw. reinigen. Keime, Fettpartikel, Milben ... nichts kann den hohen Temperaturen von Hochdruck-Wasserdampf standhalten! Schaffen Sie sich einen Dampfreiniger an. Er funktioniert mit Wasser, ganz ohne Reinigungsmittel. Und seine trockene Hitze ist auf allen Oberflächen besonders effektiv.
Wechseln Sie regelmäßig die Bettwäsche, möglichst jede Woche. Bei 60 °C waschen, denn bei dieser Temperatur werden Milben abgetötet. Ein kleines Tuch (Taschentuch) mit 10 Tropfen ätherischem Lavendelöl beträufeln und zusammen mit der Bettwäsche in die Waschmaschine geben – frischer Duft garantiert!

REGEL 5

Aufräumen

Kleidung in den Schrank, Bücher ins Regal, Spielzeug in die Schublade ... nichts herum liegen lassen, sonst wird es zum Staubfänger. Ade, Wollmäuse und Spinnweben! So heißt es auch in der chinesischen Kunst des Feng Shui: Die Energie (Qi) muss in einem Haus frei fließen können, um zu vermeiden, dass sich in überfüllten Ecken negative Energie anstauen kann.

Belebend im Eingangsbereich, warm und gemütlich im Wohnzimmer, entspannend im Schlafzimmer, appetitanregend in der Küche … Die Herausforderung liegt darin, jedem Raum seine eigene angenehme Duftnote zu verleihen und gleichzeitig dafür zu sorgen, dass die Düfte miteinander harmonieren.
Bevor Sie sich ans Werk machen, überlegen Sie sich ein Thema: Reise in die Südsee, Urlaub in der Bretagne, Tausendundeine Nacht … Bleiben Sie innerhalb eines Themas, um Harmonie zu schaffen. Nichts hindert Sie daran, mit den Jahreszeiten auch das Ambiente zu wechseln. Setzen Sie Raumdüfte sparsam ein, genauso wie wenn Sie selbst Parfüm auftragen. Das Haus muss vor allen Dingen „sauber“ riechen.

3

EIN EIGENER DUFT FÜR JEDEN RAUM

EINGANG

Willkommen!

Ihr Hauseingang ist wie eine Visitenkarte und sein Duft wie ein kleines Willkommenslächeln. Aber kein schallendes Gelächter! Wenn man zur Tür hineinkommt, sollte ein zarter Wohlgeruch unsere Nase kitzeln, uns aber nicht überfallen. Es kommt auf die richtigen Nuancen an.

Diskrete Düfte

- **Sie sind ein Fan von schweren oder blumigen Düften?** Heben Sie sich diese besser für Ihre Dessous-Schubladen auf. Für manche sind sie eher unangenehm. Setzen Sie besser auf männliche, Geborgenheit vermittelnde Düfte wie Zedernholz, Myrrhe und Sandelholz, spritzige und anregende

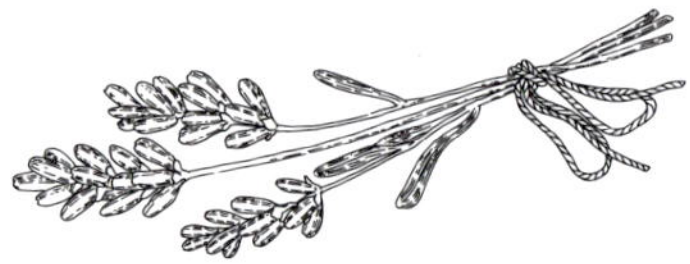

wie Zitrusfrüchte, oder frische und entspannende wie Lavendel, Minze, Basilikum, Thymian und Rosmarin.
- **Wenn sich Ihr Eingangsbereich direkt zum Wohnzimmer öffnet,** verwenden Sie dasselbe Parfüm für beide Räume, das ist angenehmer.

Die richtige Methode

Der Eingang ist ein Durchgangsbereich, deshalb sollten Sie hier auf Kerzen und andere Flammen unbedingt verzichten. Am besten geeignet für diesen Ort sind definitiv Potpourri und Duftstäbchen, die ihr Parfüm langsam und dauerhaft freisetzen.

- **Ihr Eingangsbereich ist winzig** und es gibt keine Möbel, um einen Raumduft-Diffusor daraufzustellen? Falls vorhanden, parfümieren Sie den Türvorhang. Um Ihre vierbeinigen Mitbewohner nicht zu belästigen, das Parfüm eher in Kopfhöhe versprühen und vorzugsweise innerhalb einer Falte, falls es doch einmal Flecken gibt.
- **Ihr Türvorhang ist zu kostbar,** um auch nur winzige Flecken zu riskieren? Ein paar Tropfen ätherisches Öl auf ein kleines Stück Stoff geben und mit einer Sicherheitsnadel am Vorhang befestigen.

TIPP

Selbstgemachtes Zitronenspray

Ein Zitronenspray ist ein fantastischer Luftreiniger und lässt sich einfach selbst herstellen! In einer Sprühflasche 1 Teelöffel (5 ml) Natron, 2 Tassen warmes Wasser und 1 Teelöffel (5 ml) Zitronensaft mischen. Nach Bedarf im Raum versprühen, vor jedem Gebrauch schütteln. Es hinterlässt keine Flecken, auch nicht auf Textilien. Nur nicht auf Holzmöbel sprühen, hier könnten auch kleine Tröpfchen Spuren hinterlassen.

- **Kombinieren Sie Duft und Dekoration,** mit parfümierten Apothekertalern oder einem Duft-Talisman an der Wand. Regelmäßig ein paar Tropfen ätherisches Öl daraufgeben. Und wenn Ihr Nachwuchs künstlerisches Talent hat, bitten Sie ihn, ein Mobile aus Treibholzzweigen zu basteln, an dem Sie kleine bunte Stoffquadrate aufhängen. Ein paar Tropfen ätherisches Öl oder anderes Raumparfüm daraufgeben, und fertig: Jedes Mal, wenn man daran vorbeigeht, verströmt das Mobile einen angenehmen Duft.

Auch die Haustür nicht vergessen

- **Verwöhnen Sie Ihre Fußmatte:** Abstauben, ein Spritzer Zitronenspray (siehe Rezept im Kasten oben) – und schon ist ein warmes, einladendes Ambiente geschaffen!
Sie können beispielsweise auch ein kleines Feng-Shui-Motiv in der Ecke neben der Eingangstür platzieren. Einfach drei schöne weiße Kiesel hübsch anordnen (im Winkel hinter der geöffneten Tür, damit man nicht darauftritt) und mit den ätherischen Ölen Ihrer Wahl beträufeln.
- **Vergessen Sie nicht, im Eingang sollte es vor allem „sauber" riechen.** Abstauben und Aufräumen ist unbedingt notwendig! Wenn Sie einen Vernebler für ätherisches Öl besitzen, ist es nun Zeit, ihn einzusetzen. Um die Luft zu reinigen und Mikroben zu vernichten, nehmen Sie 3 Tropfen ätherisches Teebaumöl (es hat immunstimulierende Wirkung) und 3 Tropfen ätherisches Eukalyptusöl (es bekämpft Atemwegserkrankungen und hat einen frischen Duft). 10 Minuten pro Tag einschalten, am besten morgens. Währenddessen (und in der nächsten halben Stunde) die Kinder und Haustiere zum Spielen in ein anderes Zimmer schicken! Ätherische Öle haben eine starke Wirkung, auf die Kinder, Asthmatiker und Tiere sehr empfindlich reagieren.

WOHNZIMMER, ESSZIMMER

Ein Duft zum Wohlfühlen

Wie eine Einladung, um sich niederzulassen, sollte der Duft im Wohnbereich warm, anregend und entspannend zugleich sein.

Schaffen Sie ein angenehmes Ambiente!

• **Für eine Zen-Atmosphäre** tauchen Sie ein in Lavendel, Orange, Mandarine, Rosenholz, Ylang-Ylang oder Kiefer. Sie können auch ätherisches Bourbongeranienöl mit seinen floralen Rosennoten mit Grapefruitöl

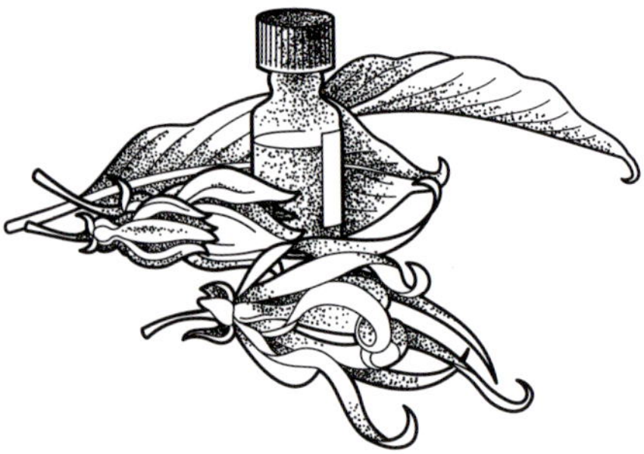

mischen, dessen paradiesischer Duft entspannend wirkt. Die Mischung aus wunderbar zitronig duftendem Zitroneneisenkraut und Mandarine erzeugt eine Atmosphäre der Freude und Entspannung.

• **Für ein anregendes Ambiente** sorgen Bitterorange, Zitrone, Bergamotte, Rosmarin, Wacholder, Eukalyptus, Koriander, Lavendel oder Pfefferminze. Die Mischung aus ätherischem Zitronen- und Niaouliöl liefert nicht nur frische, belebende Noten, sie wirkt auch im höchsten Maße luftreinigend. Zitrone mit Lavendel reinigt und wirkt anregend, genauso wie die Kombination Zitrone und Grapefruit, oder auch Zitrone und Waldkiefer mit ihrem spritzigen Duft, der die Atemwege befreit.

• **Für eine träumerische Atmosphäre** sorgt der elegante, raffinierte Duft von Bergamotteöl, der zudem die Entspannung fördert. Man kann auch ein paar Tropfen stoffwechselförderndes Yunnan-Eisenkrautöl

TIPP

Textilien desodorieren

Oft bleiben unangenehme Gerüche in Textilien hängen. Damit sie wieder frisch riechen, Vorhänge, Kissen, Sofabezüge und Teppiche mit Natron bestreuen. Über Nacht einwirken lassen und absaugen.

dazugeben und etwas Bourbongeranie für einen wunderbaren Rosenduft.

Diskretion garantiert

In einem Wohnzimmer ist ein leichter, diskreter Duft erforderlich. Ein zu schwerer Geruch könnte Kopfschmerzen verursachen oder einige Ihrer Gäste stören. Mehrere Methoden sind geeignet: 5 Tropfen ätherisches Öl in einen Luftbefeuchter vor der Heizung oder direkt auf den Heizkörper geben. Die Rückseite der Vorhänge mit Duftspray besprühen. Auch ein frischer, duftender Blumenstrauß, z. B. mit Freesien, ist als Raumduft völlig ausreichend. Oder man gibt 5 Tropfen ätherisches Öl auf ein Tuch und reibt die Möbel damit ein (an einer versteckten Stelle, falls es Flecken gibt). Im Winter Zitrusfrüchte benutzen! Einfach ein paar Schalen auf die Heizung legen (außer bei Elektroheizungen) oder in den Kamin werfen.

Duft und Dekoration

Ein Schälchen mit Rosenblättern auf einem Esstisch oder Couchtisch sieht nicht nur schön aus, es verbreitet außerdem einen zarten Duft. Und Sie brauchen nichts mehr als ein paar Blütenblätter. Fragen Sie bei Ihrem Blumenladen danach. Die Blütenblätter lassen sich sogar recyceln: aus den trockenen Blättern kann man ein Potpourri herstellen. Einfach mit einigen kleinen weißen porösen Kieselsteinen, Zimtstangen und verschiedenen anderen duftenden Schätzen mischen. Lassen Sie Ihrer Fantasie freien Lauf! Um den Duft aufzufrischen, gelegentlich ein paar Tropfen ätherisches Rosenöl daraufgeben.

Sie können auch kleine Duft-Anhänger oder -Pompons an Tür- und Fensterklinken befestigen. Wenn Sie regelmäßig ein paar Tropfen Parfüm daraufgeben, duftet es bei jedem Öffnen und Schließen.

Duft und Licht

Das Wohnzimmer ist das Königreich der Kerzen! Sie schaffen eine festliche Atmosphäre und ein warmes Licht. Aber nicht stundenlang: Kerzen setzen schädliche Substanzen frei, also nicht zu lange brennen lassen. Am besten fünf kleine statt einer großen Kerze aufstellen, das macht die Atmosphäre noch wärmer.

Express-Raumduft

Ihre Gäste kommen und Sie hatten keine Zeit, das Wohnzimmer zu lüften oder zu parfümieren? Lassen Sie ein Blatt Armenisches Papier in einer kleinen Untertasse abbrennen. Sie haben keins? Stattdessen ein Stück Würfelzucker mit einem Tropfen Wasser tränken und anzünden. Es duftet sofort köstlich nach Karamell!

ARBEITSZIMMER

Ein gutes Arbeitsklima

Wenn man konzentriert arbeiten will, braucht man einen passenden Duft. Auf keinen Fall zu originelle oder exotische Düfte: Das ist nicht der Moment, um von fernen Ländern zu träumen! Vergessen Sie auch starke, blumige Düfte wie Lilie oder Jasmin, sie können Kopfschmerzen verursachen.

Nüchtern und schlicht

Im Arbeitszimmer ist Nüchternheit angesagt. Folgende Düfte sind ideal: Zeder wirkt konzentrationsfördernd, hilft beim Nachdenken und gibt klare Ideen. Sandelholz beruhigt den Geist und wirkt gegen Zerstreutheit. Waldkiefer regt den Intellekt an. Zitrone, Grapefruit, Zitronenverbene, Patchouli und Kiefer sorgen für einen wachen Verstand. Geeignet sind auch Öle, die beruhigend und entspannend wirken und gleichzeitig den Geist anregen, wie etwa Eisenkraut, Orangenblüte, süße Orange, Lavendel oder Rosmarin. Wenn es darum geht, die Kreativität zu fördern, denken Sie an Neroli. Sein expansiver Duft sorgt für kreative Spontaneität!

TIPP

Ein USB-Stick als Duftdiffusor

Eine gute Idee sind auch USB-Diffusoren, die man einfach in den PC steckt. Ein paar Tropfen ätherisches Öl daraufgeben, und schon beginnt der Duft, sich langsam und diskret im Raum zu verteilen. Soll auch gegen elektromagnetische Wellen schützen.

Setzen Sie im Arbeitszimmer auf zarte Nuancen. Duftstäbchen mit ihrer langsamen, stetigen Diffusion finden Platz in jedem Büro. Außerdem können Sie die Duftintensität regulieren, indem Sie Stäbchen hinzufügen oder entfernen. Diskret und angenehm sind auch Kieselsteine oder Apothekermarken als Duftspender. Man legt sie einfach auf den Schreibtisch, und man kann sie sogar als Briefbeschwerer verwenden! Einfach einen oder zwei Tropfen ätherisches Öl daraufgeben. Sie können auch eine Duftkerze anzünden. Das schafft eine warme Atmosphäre, vor allem am Abend. Aber wählen Sie frische, leichte oder würzige Duftnoten.

Rauchschwaden ade

Um Tabakgeruch zu bekämpfen, geben Sie eine Mischung aus je 10 Tropfen Zitroneneisenkraut, Bourbongeranie und Lavendel sowie 5 Tropfen Atlas-Zeder in einen Vernebler für ätherische Öle.

SCHLAFZIMMER

Für süße Träume und für die Liebe ...

Das Schlafzimmer sollte ein Ort der Ruhe und Entspannung sein. Deshalb sind sanfte, schlaffördernde Düfte die richtige Wahl.

Düfte für Schlaf ...

Perfekt zum Einschlafen: Parfümieren Sie das Schlafzimmer eine Viertelstunde vor dem Schlafengehen mit Lavendelöl. In Kombination mit dem Duft von süßer Orange oder Mandarine ist Entspannung garantiert. Grapefruit ist der ideale Duft zum Einschlafen. Er verhindert, dass die Gedanken ständig um die Probleme des Tages kreisen. Bitterorange wirkt entspannend und beruhigend.

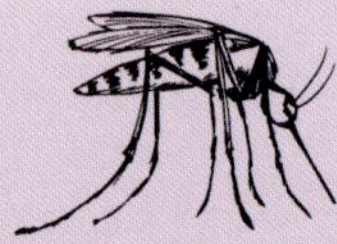

TIPP

Stechmücken vertreiben

Damit Ihre Nachtruhe nicht von einer dieser kleinen Stechmücken gestört wird, die uns so gerne vom Schlafen abhalten, setzen Sie auf das Rezept unserer Großmütter: Ein Topf mit Geranien am Fenster wird die Mücken vertreiben, denn sie hassen den Geruch. Oder 2 Tropfen ätherisches Öl – Bourbongeranie, Gewürznelke, Citronella, Basilikum oder Zeder – auf ein Taschentuch geben und neben oder direkt auf das Bettlaken legen.

Auch blumige Düfte sind willkommen, solange sie so leicht sind wie Rosenholz, Bourbongeranie, Jasmin, Kamille oder Orangenblüten. Schwere, betörende Düfte sind zu vermeiden.

Vermeiden Sie jedoch permanente Diffusoren wie Duftstäbchen oder Potpourri im Schlafzimmer. Eine zart duftende Atmosphäre zum Einschlafen ist in Ordnung, aber danach sollten wir unseren Sinnen die Möglichkeit geben, sich zu erholen. In der Nacht sollte ein neutrales Ambiente herrschen.

Schäferstündchen

Der Duft sollte nur dann schwer und berauschend sein, wenn das Schlafzimmer zum Ort der Liebe wird! In diesem Fall können Sie alle Register ziehen, etwa mit würzigen Duftkerzen. Für eine richtig heiße Stimmung je 3 Tropfen Ylang-Ylang, Jasmin und Bergamotte auf einen Duftstein aus Gips oder Ton auf den Nachttisch legen oder in eine Duftlampe geben.

Duftende Bettwäsche

Ideal für das Schlafzimmer ist noch immer der gute Duft von Sauberkeit! Dies ist vor allem Sache der Bettwäsche. Diese mit ein paar Tropfen ätherischem Lavendelöl waschen oder mit Orangenblütenwasser bügeln, und schon kommt der Sandmann schneller vorbei! Oder 10 Minuten vor dem Schlafengehen einfach einen Tropfen Lavendel auf das Kopfkissen geben, und für schöne Träume ist gesorgt. Um eine Atmosphäre der Ruhe und Gelassenheit zu schaffen, ist ein Kissenspray perfekt. Es ist einfach in der Anwendung: Man sprüht es auf das Kissen oder auch auf die Bettlaken oder die Rückseite der Vorhänge.

KÜCHE

Ein verlockender Duft

In der Küche ist ein starkes Parfüm nicht angebracht, da es Duft und Geschmack der Lebensmittel übertönen würde. Stattdessen versucht man besser, die Gerüche, die beim Kochen entstehen, zu beseitigen.

Ein Garten der Düfte

Das schönste, angenehmste Duftbouquet für die Küche ist ein Kräutergarten am Fenster! Basilikum, Minze, Thymian... Es ist ein Genuss bei jedem Lufthauch. Außerdem vertreiben diese Pflanzen auch die meisten unerwünschten Insekten. Küchenschränke sollten nicht parfümiert werden: Die Lebensmittel könnten den Duft annehmen. Allerdings können Sie ab und zu einen kleinen Beutel

(z. B. ein kleines Organza-Säckchen für Modeschmuck) mit Lorbeerblättern, Nelken und Pfefferminzblättern in den Schrank legen, um lästige Lebensmittelmotten fernzuhalten.

Express-Deodorant

- **Um Kochgerüche (Fisch, Bratfett ...) schnell zu vertreiben,** einen Liter Wasser, Saft und Schale von zwei Zitronen, fünf Nelken und eine Zimtstange zum Kochen bringen. Der aufsteigende Wasserdampf neutralisiert Gerüche und verbreitet einen angenehmen Duft. Bei hartnäckigen Gerüchen anstelle von Wasser Spritessig verwenden. In der Küche regelmäßig lüften, damit sich die Gerüche nicht festsetzen. Lassen Sie den Topf nicht unbeaufsichtigt, das Wasser verdunstet in wenigen Minuten.
- **Um einen Backofen zu desodorieren und gleichzeitig Küchengerüche zu neutralisieren,** 3 Esslöffel Kaffeepulver und die Schale einer Orange im Ofen erhitzen. Die Zutaten auf einen feuerfesten Teller geben. Sobald das Kaffeepulver zu duften beginnt (nach ca. 5 Min.), den Ofen ausschalten und die Tür öffnen, damit der Duft entweichen kann. Den Teller bis zum nächsten Gebrauch im Ofen stehen lassen.

TIPP

Mist, der Toast ist angebrannt!

Um den Geruch, der sich sofort im ganzen Haus verteilt, schnell zu beseitigen, die Fenster aufreißen. Durch alle Räume gehen und dabei ein mit Spritessig getränktes Tuch schwenken.

Ein blitzblanker Mülleimer

Um Gerüche zu neutralisieren, einen Teelöffel oder Esslöffel (je nach Größe) Natron direkt in den Müllsack geben. Regelmäßig wiederholen. Zusätzlich können Sie ein sauberes Tuch mit einem Tropfen Teebaumöl und einem Tropfen Lavendelöl unten in den Mülleimer legen. Diese ätherischen Öle neutralisieren nicht nur Gerüche, sondern haben auch desinfizierende Wirkung.

BADEZIMMER

Frisch und belebend

Entscheiden Sie beim Bad ganz nach Ihren Wünschen und Ihrem Geschmack. Achten Sie aber darauf, die Luft nicht mit ungünstigen Mischungen zu überladen. Sorgen Sie für ein Ambiente, das mit den Düften Ihrer Pflegeprodukte harmonisiert.

Nach Lust und Laune

Für einen guten Start in den Tag gibt es nichts Besseres als Zitrusduft. Oder ziehen Sie eine frische Meeresbrise vor? Wählen Sie jodhaltige Düfte, die in der Nase kitzeln. Für einen ruhigen Tagesbeginn setzen Sie auf die Duftnoten von Waldbeeren, Pfirsich oder Vanille.

Aufgrund der Feuchtigkeit verfliegen Düfte im Bad recht schnell. Um den Duft zu erneuern, regelmäßig ein paar Tropfen ätherisches Öl Ihrer Wahl auf Steine geben. Die Duftsteine in der Nähe der Toilette oder auch zwischen Ihren Handtüchern platzieren.
Ein heißes Bad, umringt von kleinen Duftkerzen am Badewannenrand, ist ein Moment puren Glücks! Aber wachsam bleiben. Kerzen niemals unbeaufsichtigt brennen lassen.

Das ewige Problem mit den Toiletten

Um gewisse Düfte zu übertönen, parfümieren manche diesen Raum sehr stark. Falsch: Wenn man zu viel Raumduft verteilt, ist Übelkeit vorprogrammiert. Am besten sind Duftstäbchen mit ihrer lang anhaltenden, aber dezenten Diffusion, vorausgesetzt, Sie passen die Anzahl der Stäbchen auf die Größe des Raums an! Drei Stäbchen sind ausreichend für 3 m^2. Es geht immer darum,

TIPP

Kein Platz, um einen Duftspender aufzustellen?

Einfach ein paar Tropfen Vanilleextrakt in die Mitte der Toilettenpapierrolle geben. Das Papier absorbiert den Duft und gibt ihn beim Abrollen an die Umgebung ab.

das richtige Maß zu finden. Oder Sie stellen ein Mini-Potpourri mit ein paar porösen Steinen, Kiefernzapfen, Zimtstangen und etwas Sand auf. Das Potpourri regelmäßig mit 3–5 Tropfen ätherischem Öl beträufeln.

VORSICHT: Die künstlichen Duftstoffe von WC-Duftsteinen sind oft schwer und unangenehm. Wenn Sie nicht darauf verzichten möchten, verwenden Sie WC-Steine mit neutralem Duft. So haben Sie mehr Freiheit bei der Wahl des Raumparfüms.

Minze, Eukalyptus, Waldkiefer, Tanne … Mentholhaltige Düfte sind für die Toilette besonders gut geeignet. Sie riechen nicht nur frisch, sondern wirken auch luftreinigend. Wenn Sie süßere Düfte vorziehen, setzen Sie auf Zitrusnoten wie Orange oder Grapefruit.

SCHRÄNKE UND KOMMODEN

Der angenehme Duft von Sauberkeit

Um Schränke und Kommoden zu parfümieren, sind kleine Lavendelsäckchen, die man zwischen die Kleidung legt, ein Muss. Lavendel ist der Star der Kleiderschränke, denn er vertreibt auch Kleidermotten. Lust auf einen anderen Duft? Probieren Sie es mit Thymian oder Majoran, sie haben dieselben Eigenschaften.

Verwöhnen Sie Ihre Wäsche

Wenn Lavendel der Star ist, so bleibt Zeder doch der König. Er vertreibt Motten und Mücken und verbreitet einen zarten Duft, der wunderbar mit Stoff harmoniert. Darüber hinaus ist es ein Unisex-Duft, der für Männer und Frauen geeignet ist.

- **Sie haben kein Zedernholz, oder es ist ausverkauft?** Kein Problem, versuchen Sie es mit einem „Nachbau“. Besorgen Sie sich kleine Holzwürfel (3 x 3 cm), aber nur aus weichem, porösem Holz, sonst kann es das ätherische

Schuhschränke, die nicht riechen

TIPP

Setzen Sie auf Neutralität. Parfüms würden die nicht immer angenehmen Gerüche nur verstärken. Besser ist ein Rezept, das diese absorbiert: ein paar Esslöffel Natron in einen Strumpf oder eine Tasse geben. Alle zwei Wochen erneuern.

Öl nicht absorbieren. Die Würfel von allen Seiten mit Zedernöl bepinseln und über Nacht in einer luftdicht verschlossenen Plastiktüte aufbewahren, damit sie den Duft aufnehmen. Das ist alles! Sie können zu diesem Zweck auch eine Gemüsekiste zersägen oder das Zedernöl auf Blähton-Kiesel geben und die Duftsteine im Schrank verteilen, oder Sie geben das Öl auf Anhänger aus Ton und hängen sie an Kleiderbügeln auf.

• **Sie mögen den Geruch von Zeder nicht besonders und haben die Nase voll von Lavendel?** Wählen Sie stattdessen einen sinnlichen Duft, ideal für Pullover und Dessous: Vanille. Ein paar Tropfen Vanilleextrakt auf einen Wattebausch geben und in den Schrank legen.

Auch die Schubladen nicht vergessen!

Dies ist der Moment, an dem auch schwere und blumige Düfte zum Einsatz kommen: Für Unterwäsche sind sie wie geschaffen! Am besten ein Taschentuch mit dem Duft Ihrer Wahl tränken und in die Unterwäscheschubladen legen. Nach und nach wird es seinen Duft verströmen.

HAUSTIERECKE

Schonen Sie ihre feinen Nasen

Die meisten Tiere haben einen sehr ausgeprägten Geruchssinn und schätzen Parfüm ganz und gar nicht. Verwenden Sie also keine Düfte für ihre Decken, Körbchen etc. Und Finger weg von ätherischen Ölen, sie sind für Haustiere gefährlich oder (für Katzen) sogar lebensbedrohlich.

Am besten begnügt man sich damit, Gerüche zu neutralisieren. Alle 15 Tage etwas Natron über das Katzen- oder Hamsterstreu geben, das wird den Geruch absorbieren. Und damit alles schön sauber riecht, etwas Talkumpuder auf die Toilette der Katze streuen: Der frische Duft des Puders überdeckt unangenehme Gerüche.

Es macht grosse Freude, Duftkerzen, Potpourris, Fusettes und andere duftende Schätze selbst herzustellen. Dabei kann man nicht nur seiner Kreativität und Fantasie freien Lauf lassen, sondern auch noch Geld sparen., Und wenn Ihre ersten Versuche nicht sofort Ihren Erwartungen entsprechen, ist das nicht schlimm. Der Erfolg wird sich mit der Zeit schon einstellen, Sie brauchen nur etwas Durchhaltevermögen!

4

SELBST GEMACHT!

KERZEN

Frisch ans Werk!

Sie möchten Duftkerzen selbst herstellen? Nichts leichter als das. Aber wenn sie natürlich sein sollen, brauchen Sie die richtigen Zutaten.

Das Grundrezept

Für eine Kerze von 50 mm Durchmesser benötigen Sie:

- **150 g Sojawachs-Flocken ohne GVO**
- **1 geflochtenen Runddocht, Größe RD3, ungewachst**
- **1 Standsockel für den Docht**
- **30 Tropfen ätherisches Öl**
- **1 Glas (z. B. ein Joghurtglas)**

Das Wachs im Wasserbad in einem Topf bei schwacher Hitze zum Schmelzen bringen. Vom Herd nehmen, sobald das Wachs flüssig und glatt ist. Den Docht 2 Minuten in das noch heiße Wachs legen (um die eingeschlossene Luft zu entfernen). Herausnehmen und auf ein Stück Aluminiumfolie legen. Er sollte ganz gerade sein. Den Docht 5 Minuten in den Gefrierschrank legen. In der Zwischenzeit das ätherische Öl in das noch heiße Wachs geben. Mit einem Schneebesen mischen. Den Docht aus dem Gefrierschrank nehmen. Bevor Sie ihn aus der Folie nehmen, achten Sie darauf, dass er gerade und steif ist. Ansonsten noch einige Minuten länger trocknen lassen. Den Sockel am unteren Dochtende befestigen. Den Docht in das Glas setzen, dabei darauf achten, dass der Sockel exakt zentriert ist. Den Sockel mit etwas geschmolzenem Wachs am Glasboden festkleben. Einen Stift auf das Glas legen und das obere Dochtende darumwickeln. Das geschmolzene Wachs vorsichtig in das Glas gießen, dabei darauf achten, dass der Docht sich nicht bewegt. Vor dem Anzünden der Kerze das Wachs mindestens 12 Stunden trocknen lassen.

Für jede Kerze den passenden Docht

- Verwenden Sie ausschließlich Runddochte aus Baumwolle (die flachen sind für Paraffinkerzen).
- Die Dochtgröße richtet sich nach der Größe der Kerzenform.

KERZEN-DURCHMESSER	DOCHT-GRÖSSE	
< 15 mm	RD 0	Runddocht Nr. 3
< 25 mm	RD 1	Runddocht Nr. 5
< 45 mm	RD 2	Runddocht Nr. 7
< 60 mm	RD 3	Runddocht Nr. 9
< 90 mm	RD 4	Runddocht Nr. 11

Wussten Sie schon ...?

Wenn man einen passenden Docht verwendet, brennt die Kerze normal ab. Ist der Docht zu dick, brennt sie schneller ab, die Flamme flackert und es kommt zu Rußbildung. Ist der Docht zu dünn, brennt die Kerze schlecht und das überschüssige Wachs erstickt die Flamme.

- Bei zylindrischen Gefäßen lässt sich der Durchmesser natürlich leicht bestimmen. Bei sich verjüngenden Gefäßen nehmen Sie den Durchschnittswert zwischen Basis und oberem Rand.
- Einfach ausprobieren! Warum versuchen Sie es nicht einmal mit einem Holzdocht? Das knistert beim Abbrennen wie ein Mini-Holzfeuer!

Welche Düfte sind geeignet?

Beachten Sie immer die Gebrauchsanweisung der Duftöle und überprüfen Sie systematisch deren Flammpunkt. Um zu verhindern, dass sich Ihre Kerze an der gesamten Oberfläche entzündet, muss er höher sein als 65 °C. Der Flammpunkt ist auf den Beipackzetteln von ätherischen Ölen und Kosmetik-Duftstoffen angegeben.

Die wichtigsten ätherische Öle und Duftstoffe, die für Kerzen ohne Risiko verwendet werden können (Flammpunkt > 65 °C):

Amyris, Anis, Basilikum, Guajakholz, Ho-Holz, Rosenholz, Cade, Echte Kamille, Zimtblätter, Zimtrinde, Atlas-Zeder, Virginiazeder, Zitronengras, Combava (Kaffirlimette), Copaiba, Blaue Zypresse, Estragon, Zitronen-Eukalyptus, Wintergrün, Bourbongeranie, Ägyptische Geranie, Gewürznelke, Gewürznelkenblätter, Alant, Speiklavendel, Feiner Lavendel aus Frankreich, Echter Lavendel aus Bulgarien, Lavandin grosso, Lavandin superfein, Citronella, Zitroneneisenkraut, Liebstöckel, Manuka, Melisse, Zitronenminze, Ackerminze, Pfefferminze, Myrrhe, Zitronenmyrte, Narde, Oregano, Palmarosa, Patchouli, Bitterorange, Rosalina, Sandelholz, Zitronen-Teebaum, Vetiver, Xanthoxylum, Ylang-Ylang, Ylang-Ylang Complet.

POTPOURRI

Eine wahre Kunst

Ein Potpourri herzustellen geht schnell und einfach, und es sind viele Variationen möglich. Gestalten Sie es ganz nach Ihren Wünschen und Ihrem Geschmack.

Rosenblüten-Potpourri

Sie benötigen:

- **eine große Handvoll duftende Blütenblätter (Rose, Flieder, Geißblatt, Jasmin, Geranie, Pfingstrose etc.)**

Zutaten zur Auswahl:

- **ein paar duftende Kräuterblätter (Thymian, Rosmarin, Minze, Basilikum, Salbei oder Lorbeer)**
- **die Schale einer Orange, Zitrone oder Grapefruit (man kann auch mischen)**
- **ein paar Lavendelzweige**
- **ein oder zwei Zimtstangen**
- **ein bis zwei Vanilleschoten, Sternanis, Gewürznelken ...**

Die Blütenblätter auf einem mit Backpapier ausgelegtem Backblech verteilen. Eine Stunde lang im Backofen bei 100°C trocknen, danach in eine Schüssel geben. Die Zutaten nach Belieben auswählen. Aber nicht zu viele Gerüche kombinieren, sonst heben sie sich gegenseitig auf. Kräftige Duftnoten wie Gewürznelke mit weicheren ausgleichen, etwa mit Vanille.

Spielen Sie mit den Düften, Formen und Materialien. Ein Potpourri riecht nicht nur gut, sondern ist auch sehr schön anzusehen.

Alle Zutaten in einen Plastikbeutel füllen und luftdicht verschließen. Über Nacht ruhen lassen, damit die Düfte sich vermischen können. Danach die Mischung in ein Schälchen füllen. Ein paar poröse Steine oder Apothekertaler hinzufügen. Wenn der Duft nachlässt, einfach mit ein paar Tropfen ätherischem Öl auffrischen.

Man kann die Mischung auch in hübsche Organza-Säckchen füllen.

Zitrus-Potpourri

Sie benötigen:

- **die Schale einer Orange oder Zitrone (oder beides)**
- **ein paar Teeblätter**
- **Bergamotteschalen**
- **ein oder zwei Zimtstangen**
- **ein Dutzend Gewürznelken**

Beim Schälen der Zitrusfrüchte den weißen Teil so weit wie möglich entfernen, nur den äußeren Teil verwenden. Die Zitrusschalen auf einem mit Backpapier ausgelegtem Backblech verteilen. Den Backofen auf 100 °C vorheizen. Die Schalen ca. eine Stunde lang trocknen. Sie müssen sich leicht zerbrechen lassen. Abkühlen lassen, dann zusammen mit den anderen Zutaten in ein hübsches Gefäß füllen. Um den Duft aufzufrischen, gelegentlich ein paar Tropfen ätherisches Öl daraufgeben.
Ein Potpourri hält nicht ewig, und im Laufe der Zeit kann es zum Staubfänger werden. Ein Jahr lang aufbewahren. Wenn Sie einen Kamin haben, werfen Sie es zur Entsorgung ins Feuer: Es duftet garantiert herrlich!

DUFTSTÄBCHEN

Hausgemacht

Duftstäbchen sind perfekt, um für einen längeren Zeitraum ein angenehm duftendes Ambiente zu schaffen. Und Sie können Ihre eigene Duftmischung herstellen!

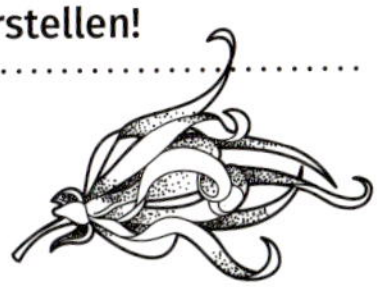

Relax-Raumduft

Sie benötigen:

- **10 Tropfen ätherisches Bitterorangenöl *(Petitgrain bigaradier, Citrus aurantium)***
- **10 Tropfen ätherisches Ylang-Ylang-Öl *(Totum Cananga odorata genuina)***
- **10 Tropfen ätherisches Orangenöl, süß *(Citrus sinensis)***
- **10 Tropfen ätherisches Lavendelöl *(Lavandula angustifolia)***
- **40 cl kaltes Wasser**

Alle Zutaten mischen und in ein Duftstäbchenglas füllen. Die Rattanstäbchen saugen den Duft auf und geben ihn langsam an die Umgebung ab. Die Intensität lässt sich regulieren, indem man Stäbchen hinzufügt oder entfernt.

KISSENSPRAY

Ganz persönlich

Für einen zarten Duft im Schlafzimmer gibt es nichts Besseres als Duftspray. Man versprüht es auf Bettlaken, Kissen, Plaids und Vorhängen. Und man muss kein Vermögen dafür ausgeben. Ein Kissenspray lässt sich ganz einfach selbst herstellen.

Kassiopeia-Nebel

Mit diesem Rezept ist die Nacht fast noch schöner als der Tag.

Sie benötigen:

- **10 Tropfen ätherisches Lavendelöl *(Lavandula angustifolia)***
- **20 Tropfen ätherisches Mandarinenöl *(Citrus reticulata)***
- **10 Tropfen ätherisches Majoranöl *(Origanum Majorana)***
- **45 ml 70 %igen Alkohol (oder geruchlosen Wodka)**

Alles gut mischen und für 24 Stunden in den Kühlschrank stellen, dann in eine Sprühflasche füllen.

Kissenspray ist für Kinder, schwangere Frauen und Menschen mit Epilepsie oder mit Atemproblemen nicht zu empfehlen. Niemals auf die Haut oder in die Augen sprühen.

LAVENDEL

Die Königin der Haushaltstipps

Ob frisch oder getrocknet, Lavendel ist der Star: Man kann damit nicht nur jeden Raum des Hauses parfümieren, sondern auch Bettwäsche, Schränke und Kleidung. An Lavendel-Tipps herrscht kein Mangel ...

Lavendel gegen Kleidermotten

Genießen Sie den Duft der frischen Blüten, aber werfen Sie auch den trockenen Lavendel nicht weg: Verwenden sie ihn, um Kleidermotten aus Ihren Schränken zu vertreiben.

- Die Blüten von den Zweigen abstreifen.
- Gaze-Säckchen herstellen. Dafür einfach Quadrate von 30 x 30 cm ausschneiden, eine Handvoll getrocknete Blüten in die Mitte setzen, die Stoffenden zusammenfassen und das Säckchen gut zubinden, damit nichts herausfallen kann. Alternativ können Sie auch Kniestrümpfe verwenden. Auch wenn

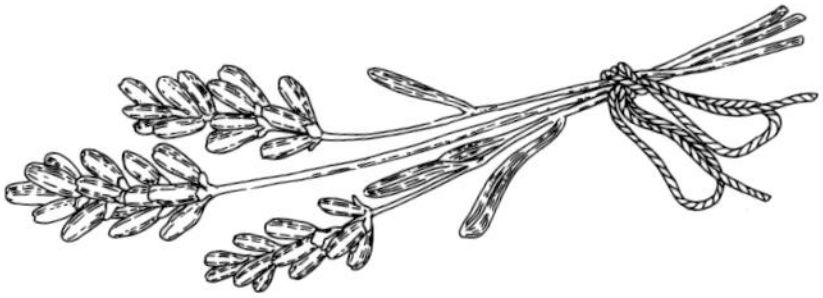

sie nicht so hübsch aussehen, erfüllen sie dennoch ihren Zweck. Hauptsache, die Blüten fallen nicht heraus.

- In allen Kleiderschränken, Wäscheschubladen etc. verteilen.
- Sobald die Blüten nicht mehr duften, in eine Schüssel ausleeren, zwei Tropfen ätherisches Lavendelöl daraufgeben und über Nacht in einer luftdicht verschlossenen Plastiktüte aufbewahren. Am nächsten Tag duften sie wieder wunderbar.

Lavendel-Räucherstäbchen

Sie haben alle Blüten für die Duftsäckchen verwendet? Auch die Stiele lassen sich noch benutzen. In eine mit Sand gefüllte Tasse stecken und anzünden, sie brennen ab wie Räucherstäbchen.

Aber brennen Sie nicht einen ganzen Strauß auf einmal ab, sondern nur einzelne Stiele.

Die *Fusette au lavande*, ein duftendes Dekorationsobjekt

In Südfrankreich gibt es diese Tradition: Jedes Jahr trifft man sich, um wunderschöne und herrlich duftende *Fusettes* zu knüpfen. Man legt sie in Schränke und Schubladen, bindet sie zu einem Strauß zusammen oder legt sie in einen Korb. Wenn sie nicht mehr duften, einfach mit einen oder zwei Tropfen ätherischem Lavendelöl auffrischen.

Für eine *Fusette de lavande* benötigen Sie:

- **41 Lavendelzweige, ca. 28 cm lang**
- **2,50 m Satinband, 6-8 mm breit**

Die Blätter von den Stielen entfernen, dabei gut darauf achten, dass die Stiele dabei nicht brechen. Nur ein paar untere Blüten entfernen, damit die Stiele glatt sind. Die Stiele zu einem Strauß zusammenfassen und unterhalb der Blüten mit dem Satinband zusammenbinden.

Die Stiele vorsichtig außen um die Blüten biegen, sodass die Blüten innen eingeschlossen sind. Das Satinband zwischen zwei Stielen hindurchziehen. Nun beginnt das Flechten: Das Band abwechselnd über und unter zwei bis drei Lavendelstielen durchziehen. Kräftig festziehen und in Runden arbeiten, bis die Blüten vollständig umschlossen sind.

Einmal an der Basis der *Fusette* angekommen, einen Knoten machen, das Ende des Bandes mehrmals um die Stängel wickeln und zum Schluss eine schöne Schleife binden. Und jetzt noch mehr *Fusettes* in anderen Farben herstellen!

ZITRUSDÜFTE

Prickelnd und desodorierend

Zitrusfrüchte haben einen Vorteil: Sie riechen sauber! Ihr zarter Duft schafft ein erfrischendes, anregendes Ambiente. Und sie sind auch noch äußerst dekorativ!

Duftkugel

Unsere Großmütter hängten mit Nelken gespickte Orangen an einem hübschen Band im Schrank auf, aber nichts hindert Sie daran, diese dekorativen Duftkugeln einfach auf den Tisch oder in die Bibliothek zu legen. Sie sind nicht nur eine herrlich duftende Kombination von würzigen Nelken und spritziger Zitrusfrucht, sondern auch ein effektives Mittel gegen Kleidermotten!

Für eine Duftkugel benötigen Sie:

- **1 schöne Orange oder Zitrone**
- **60–70 Gewürznelken**

Die ganze Frucht mit den Nelken spicken. Am schönsten ist es, wenn Sie die ganze Frucht komplett spicken, aber Sie können auch eigene Muster gestalten.
Die Duftkugel auf ein Tellerchen stellen oder mit einem hübschen Band umwickeln und aufhängen. Sie hält etwa zwei Monate lang, dann trocknet sie aus.

ACHTUNG: Das sticht! Damit Sie sich beim Hineindrücken der Nelken nicht die Finger verletzen, beim Spicken Schutzhandschuhe oder ein dickes Tuch benutzen.

Express-Raumdeo: Vanille-Zitronen-Infusion

Keinen Raumduftspender zur Hand? Daran soll es nicht scheitern: In ein paar Minuten lässt sich ein effektives Raumdeo herstellen. Sie brauchen nicht viel mehr als einen Topf.

Sie benötigen:

- **1 Topf**
- **1 Zitrone**
- **1 Rosmarinzweig**
- **1–2 Teelöffel Vanilleextrakt**

Einen kleinen Topf zu zwei Dritteln mit Wasser füllen. Die Zitrone waschen und in Scheiben schneiden. Zitrone, Rosmarinzweig und Vanilleextrakt in den Topf geben. Alles möglichst lange bei mittlerer Hitze köcheln lassen, falls nötig, mehr Wasser hinzufügen. Der Dampf wird die Luft mit seinem zarten Duft erfüllen.

Null-Aufwand-Deo

Schnell, einfach und effektiv? Orangen-, Grapefruit oder Zitronenschalen direkt auf die Heizung legen (außer bei elektrischen Heizkörpern) oder in den Kamin werfen. Noch schneller geht es, wenn man die Schalen für 10 Minuten in den heißen Backofen legt. Beim Öffnen der Ofentür erfüllt ein sommerlicher Duft das ganze Haus.

Frischluftspray

Süchtig nach frisch gepresstem Orangensaft am Morgen? Anstatt die Schalen danach wegzuwerfen, machen Sie daraus ein Spray, das nicht nur parfümiert, sondern auch reinigt und desinfiziert!

Sie benötigen:

- **die Schalen von 3 Orangen und 1 Zitrone (oder umgekehrt), das Weiße möglichst entfernen**
- **1 Liter Essigessenz**
- **1 Sprühflasche**

Die Zitrusschalen in ein großes Konservenglas mit Deckel füllen. Mit Essig auffüllen. Luftdicht verschließen und alles ca. 10 Tage lichtgeschützt durchziehen lassen. Die Mischung durch einen Kaffeefilter abgießen, um alle festen Bestandteile und Schalen zu entfernen. In eine Sprühflasche füllen, etikettieren und beschriften. Dieses Frischluftspray kann man in allen Räumen versprühen. Es kann auch als Reinigungsmittel für alle Oberflächen benutzt werden: Essigessenz und Zitrone haben reinigende und desinfizierende Wirkung. Orange hingegen mildert den starken Essiggeruch und sorgt für eine säuerlich-frische Note. Dieses Spray hält genauso lange wie ein Industrieprodukt.

5

ANHANG

AMBIENTE, AMBIENTE ...

Um die richtige Stimmung in jedem Raum des Hauses zu schaffen, muss man auch die Auswirkung von ätherischen Ölen auf die Stimmung berücksichtigen: Es ist nicht dasselbe, ob man ein Schlafzimmer oder ein Wohnzimmer parfümiert. Man kann auch Synergien schaffen und bis zu 5 verschiedene ätherische Öle kombinieren, um das Beste aus ihnen herauszuholen.

KLEINE ZUSAMMENFASSUNG DER WICHTIGSTEN ÄTHERISCHEN ÖLE UND IHRER WIRKUNGEN

ÄTHERISCHES ÖL	WIRKUNG
ATLAS-ZEDER *Cedrus atlantica*	Entspannend. Vertreibt Kleidermotten. Ausgleichend. Sorgt für Lebensfreude. Vertreibt Insekten.
BERGAMOTTE *Citrus bergamia*	Beruhigend und entspannend. Lindert Stress und Depressionen.
BITTERORANGE (PETITGRAIN BIGARADIER) *Citrus aurantium*	Beruhigend, entspannend. Gegen Schlaflosigkeit und Angstzustände.
BOURBONGERANIE *Pelargonium graveolens*	Hilft gegen Müdigkeit. Entspannend.
CEYLON-ZIMT *Cinnamomum verum*	Anregend. Antidepressiv. Aphrodisierend. Sorgt für klaren Verstand. Fördert die Fantasie und Kreativität.

ÄTHERISCHES ÖL	WIRKUNG
CITRONNELLA CEYLAN *Cymbopogon nardus*	Vertreibt Mücken.
DAMASZENER-ROSE *Rosa damascena*	Angstlösend. Sorgt für Gelassenheit.
ECHTER LAVENDEL *Lavandula angustifolia*	Beruhigend. Vertreibt Kleidermotten. Desinfizierend. Konzentrationsfördernd.
EUCALYPTUS SMITHII *Eucalyptus smithii*	Reinigend, desinfizierend.
GRAPEFRUIT *Citrus paradisii*	Gegen Müdigkeit. Vertreibt Gerüche.
INDISCHES PATCHOULI *Pogostemon cablin*	Aphrodisierend. Vertreibt Parasiten.
JASMIN *Jasminum officinale*	Sorgt für Lebensfreude. Fördert das Selbstvertrauen. Aphrodisierend. Entspannend. Sorgt für Gelassenheit.
KAMPFER (RAVINTSARA) *Cinnamomum camphora cineoliferum*	Energetisierend. Ausgleichend.
LAVANDIN *Lavandula hybrida*	Konzentrationsfördernd. Wirkt desinfizierend, vertreibt Gerüche. Bringt Gelassenheit. Reinigend. Vertreibt Kleidermotten.
MAJORAN *Origanum majorana*	Wirkt gegen Stress.
MANDARINE *Citrus reticulata blanco*	Beruhigend, schlaffördernd, entspannend.
NEROLI (BITTERORANGENBLÜTEN) *Citrus aurantium L. ssp. aurantium*	Fördert die kreative Spontaneität, wirkt beruhigend auf das Nervensystem, hilft bei Schlaflosigkeit und Angstzuständen.

ÄTHERISCHES ÖL	WIRKUNG
NIAOULI *Melaleuca quinquenervia*	Belebend. Reinigend.
ORANGE SÜSS *Citrus sinensis*	Beruhigend und entspannend.
PFEFFERMINZ-EUCALYPTUS *Eucalyptus radiata*	Energetisierend. Beruhigend. Sorgt für Gelassenheit.
PFEFFERMINZE *Mentha piperita*	Konzentrationsfördernd. Vertreibt Tabakgeruch.
RÖMISCHE KAMILLE *Chamaemelum nobile*	Beruhigend.
ROSENHOLZ *Aniba rosaeodora*	Anregend.
ROSMARIN CINEOL *Rosmarinus officinalis*	Reinigend. Steigert die Gedächtnisleistung.
ROTE MYRTE *Myrtus communis*	Reinigend. Beruhigend.
SANDELHOLZ *Santalum austrocaledonicum*	Sorgt für Gelassenheit, beruhigt den Geist und vertreibt kreisende Gedanken.
TEEBAUM *Melaleuca alternifolia*	Reinigend, desinfizierend. Wirkt gegen Stress. Beruhigend. Regenerierend.
WALDKIEFER *Pinus sylvestris*	Anregend. Luftreinigend, desinfizierend. Vertreibt Gerüche.
YLANG-YLANG *Cananga odorata var. genuina*	Belebend, stimuliert den Geist. Aphrodisierend. Sorgt für Gelassenheit.

ÄTHERISCHES ÖL	WIRKUNG
ZITRONE *Citrus limonum*	Antiseptisch und anregend. Reinigt die Atmosphäre.
ZITRONENEISENKRAUT *Lippia citriodora*	Fördert das Wohlbefinden, wirkt antidepressiv.
ZITRONENGRAS *Cymbopogon flexuosus*	Entspannend. Sorgt für Gelassenheit.
ZITRONENVERBENE *Aloysia citriodora*	Bringt Energie und Dynamik, bei nervöser Abgespanntheit.
ZYPRESSE IMMERGRÜN *Cupressus sempervirens var. stricta*	Belebend. Hebt die Laune.

❶ ACHTUNG. Einige ätherische Öle sind als Raumduft für einen Diffusor nicht geeignet. Sie wirken schleimhautreizend oder sogar toxisch.

FOLGENDE ÄTHERISCHE ÖLE SIND ZU VERMEIDEN: Kopfiger Thymian *(Coridothymus capitatus)*, Gewürznelke *(Eugenia caryophyllus)*, Oregano *(Origanum compactum)*, Griechischer Oregano *(Origanum heracleoticum)*, Winter-Bohnenkraut *(Satureja montana)*, Echter Thymian *(Thymus vulgaris)*, Artemisia herba alba, Ysop *(Hyssopus officinalis)*, Salbei *(Salvia officinalis)* und Abendländische Thuja *(Thuya occidentalis)*.

EINSTUFUNG UND KENNZEICHNUNG VON CHEMIKALIEN

Um das Internationale System der Einstufung und Kennzeichnung* von Chemikalien zu harmonisieren, gibt es seit 1. Juni 2015 eine neue Kennzeichnungspflicht für alle Gemische (und seit Dezember 2010 für alle Stoffe). Jedoch gilt eine Übergangsfrist für die Produkte, die sich bereits auf dem Markt befinden. Das bedeutet, dass bis Mai 2017 alte und neue Kennzeichnung koexistieren.

*Europäische Verordnung Nr. 1272/2008 über die Einstufung, Kennzeichnung und Verpackung.

• **Wozu ist das gut?** Die Einstufung von Chemikalien soll den Verbraucher über die von chemischen Stoffen und Gemischen ausgehenden Gefahren sowie über deren Auswirkungen auf Gesundheit und Umwelt informieren.

ACHTUNG: Beachten Sie bei der Anwendung eines Produkts immer die Gebrauchsanweisung.

GEFAHREN FÜR DIE UMWELT

ALTE KENNZEICHNUNG	NEUE KENNZEICHNUNG	GEFAHRENBEZEICHNUNG	VORSICHTSMASSNAHMEN
		**SCHÄDIGT DIE OZONSCHICHT:** Das Produkt zerstört die Atmosphäre	Nicht in die Umwelt gelangen lassen
		**WASSERGEFÄHRDEND:** Das Produkt ist umweltschädlich • Es hat (kurz- und/oder langfristig) nachteilige Auswirkungen auf Wasserorganismen	Nicht in die Umwelt gelangen lassen

PHYSIKALISCHE GEFAHREN

ALTE KENN-ZEICHNUNG	NEUE KENN-ZEICHNUNG	GEFAHRENBEZEICHNUNG	VORSICHTS-MASSNAHMEN
		**EXPLOSIV:** Das Produkt kann in Kontakt mit Feuer oder anderen Zündquellen, mit statischer Elektrizität, bei Erwärmung oder durch Schlag oder Reibung explodieren	Von Zündquellen und anderen Hitzequellen fernhalten
		**GAS UNTER DRUCK:** Das Produkt kann bei Erwärmung explodieren (verdichtetes, verflüssigtes oder gelöstes Gas) • Es kann Kälteverbrennungen oder -Verletzungen verursachen (tiefgekühltes verflüssigtes Gas)	Vor Sonnenbestrahlung schützen • Hautkontakt mit tiefgekühlten Flüssigkeiten vermeiden
		**ENTZÜNDBAR:** Das Produkt kann sich durch Kontakt mit einer Flamme, Funken und anderen Zündquellen, mit statischer Elektrizität, bei Erwärmung, durch Reibung, Kontakt mit Luft oder mit Wasser entzünden	Von Zündquellen und anderen Hitzequellen fernhalten
		**OXIDIEREND:** Das Produkt kann einen Brand verursachen oder beschleunigen • Es kann in der Nähe von entzündbaren Produkten eine Explosion verursachen	Von Hitze- und Zündquellen fernhalten, kontaminierte Kleidung und Haut sofort mit viel Wasser abwaschen
		**KORROSIV:** Das Produkt kann zu Verätzungen führen • Es kann korrosiv auf Metalle wirken, sie angreifen oder zerstören	Von Zündquellen und anderen Hitzequellen fernhalten

GESUNDHEITSGEFAHREN

ALTE KENNZEICHNUNG	NEUE KENNZEICHNUNG	GEFAHRENBEZEICHNUNG	VORSICHTSMASSNAHMEN
		**GESUNDHEITSSCHÄDLICH:** Das Produkt kann in hohen Dosen toxisch sein • Es kann Haut, Augen und Atemwege reizen • Es kann allergische Hautreaktionen hervorrufen • Kann zu Schläfrigkeit und Benommenheit führen	Jeglichen Kontakt mit dem Produkt vermeiden
		**GIFTIG ODER SEHR GIFTIG:** Das Produkt ist lebensgefährlich • Es wirkt auch in niedrigen Dosen toxisch	Schutzausrüstung tragen • Jeglichen Kontakt vermeiden (Verschlucken, Hautkontakt, Einatmen) • Bei Hautkontakt gründlich mit viel Wasser und Seife waschen
		**KORROSIV:** Das Produkt kann bei Kontakt zu Verätzungen der Haut und schweren Augenschäden führen	Jeglichen Kontakt mit Augen und Haut vermeiden, nicht einatmen
		**SEHR GESUNDHEITSSCHÄDLICH:** Das Produkt kann Krebs verursachen • Kann genetische Defekte verursachen • Kann die Fruchtbarkeit beeinträchtigen oder das Kind im Mutterleib schädigen • Kann die Funktion einiger Organe beeinträchtigen • Kann bei Verschlucken und Eindringen in die Atemwege tödlich sein • Es kann Atembeschwerden oder Allergien der Atemwege verursachen (z. B. Asthma)	Schutzausrüstung tragen • Vor Gebrauch alle Sicherheitshinweise lesen • Jeglichen Kontakt mit dem Produkt vermeiden • Nach Gebrauch alle exponierten Hautstellen gründlich waschen

NÜTZLICH

Wichtige Notruf-Nummern

▸ **Mit dem Mobiltelefon**

112: Einheitliche Notrufnummer im gesamten europäischen Gebiet, empfohlen im Inland sowie auf Auslandsreisen.

▸ **Aus dem Festnetz**

112: Notarzt und Feuerwehr erreichen Sie gebührenfrei über die Notrufnummer 112

Österreich

114: Die Notrufnummer für Rettungseinsätze

+431 (0) 406 43 43: Vergiftungsnotruf

Schweiz

144 oder 112: Den Rettungsdienst erreichen Sie über beide Nummern

+41 (0) 44 251 51 51: Vergiftungsnotruf

▸ **Giftnotrufzentralen und Toxikovigilanz**

Die neun Giftinformationszentren (GIZ) der deutschen Bundesländer sind überwiegend an Universitätskliniken angesiedelt. Sie dienen als toxikologische Informationsdienste (Giftnotrufe) und sind 24 Stunden an 7 Tagen die Woche erreichbar.

Deutschland

Berlin · Giftnotruf der Charité (BE, BB)
Tel.: 030/19240, *mail@giftnotruf.de*
Göttingen · GIZ-Nord der Länder HB, HH, NI, SH
Tel.: 0551/19 240, *giznord@giz-nord.de*
Bonn · Informationszentrale gegen Vergiftungen (NRW) Tel.: 0228/19240, *gizbn@ukb.uni-bonn.de*
Homburg · Informations- und Beratungszentrum für Vergiftungsfälle (SL) Tel.: 06841/19240, *giftberatung@uniklinikum-saarland.de*
Erfurt · GIZ der Länder MV, SN, ST, TH
Tel.: 0361/730 730, *ggiz@ggiz-erfurt.de*
Mainz · GIZ der Länder RP, HE
Tel.: 06131/19240, *mail@giftinfo.uni-mainz.de*
Freiburg · Vergiftungs-Informations-Zentrale (BW) Tel.: 0761/19240, *giftinfo@uniklinik-freiburg.de*
München · Giftnotruf München (BY)
Tel.: 089/19240, *tox@lrz.tu-muenchen.de*

Österreich

Wien · Vergiftungsinformationszentrale
Tel.: 0043 (0)1/4064343, *viz@meduniwien.ac.at*

Schweiz

Zürich · Schweizerisches Toxikologisches Informationszentrum
Tel.: 0041 (0)44/2515151, *info@toxi.ch*

Hier erfahren Sie mehr: Bundesamt für Verbraucherschutz und Lebensmittelsicherheit *http://www.bvl.bund.de/DE/Home/homepage_node.html*

Stand: Oktober 2015

SACHREGISTER

Das Zubehör für ein duftendes Ambiente

Düfte

Das olfaktive Ambiente

Wirkungen

Ein Duft für ...

Methoden für die Raumduft-Diffusion

NÜTZLICH

Weitere Informationen

Bücher

- Das große ARD-Buffet Haushalts-1x1
von Silvia Frank. frechverlag, 2012

- Das große ARD-Buffet Haushalts-1x1:
Noch mehr Expertenwissen
von Silvia Frank. frechverlag, 2013

- *ZAUBERFRISCH:*
Nützliche Haushaltswunder.
Natron, Schmierseife, Zitrone,
Essigessenz. frechverlag, 2016

- *ZAUBERFRISCH:*
Schimmel und Feuchtigkeit bekämpfen.
Ursachen erkennen und Lösungen
finden. frechverlag, 2016

- *ZAUBERFRISCH:*
Natürliche Haushaltsprodukte.
Putzmittel selbst herstellen.
frechverlag, 2016

Links

www.bio-naturwelt.de

www.duft-villa.de

www.dragonspice.de/aetherische-oele.html

www.feeling.at/shop/aetherische-oele.html

www.mooserde-versand.de/
naturreine-aetherische-oele-kaufen/

www.sonnentor.com/Produkte-Online-Einkaufen/Pflegeprodukte/Aetherische-Oele

www.pegam-aetherische-oele.com/

www.primaveralife.com/aromatherapie/
gesundheit/aetherische-oele/

www.waschbaer.de

Danksagung

Für meine Schwester.

Bildnachweis

fotolia / acnaleksy; fotolia / amilli; fotolia / canicula; fotolia / digiselector; fotolia / J_ka; fotolia / kamenuka; fotolia / kharlamova_lv; fotolia / la_puma; fotolia /macrovector; fotolia / Morphart; fotolia / olga_igorevna; fotolia / Perysty; fotolia / pim; fotolia / raven; fotolia / teploleta; fotolia / tsaplia; fotolia / vladischern; Sylvain Kaslin.

Die französische Originalausgabe erschien unter dem Titel „Parfumer sa maison au naturel"

Direktor der Edition: Thierry Lamarre
Edition: Adeline Lobut
Texte: Isabelle Louet
Korrektorat: Isabelle Misery
Lektorat: Either Studio (Laurie Montaz)
Konzeption, Grafik und Satz: Either Studio

Deutsche Ausgabe
Produktmanagement: Mariel Marohn, Lara Schaufler
Übersetzung: Julia Nunes, München
Lektorat: Melissa Brosig, Bonn
Satz: Claudia Adam Graphik Design, Darmstadt
Druck und Bindung: GPS Group GmbH, Österreich

ISBN 978-3-7724-7649-5
Best.-Nr. 7649